돌고 도는 감정 고리,
내 감정을 들여다보기

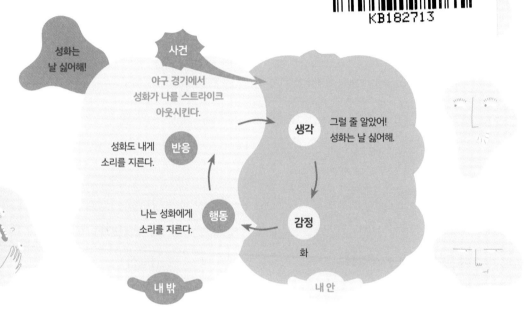

성화는
날 싫어해!

사건
야구 경기에서
성화가 나를 스트라이크
아웃시킨다.

생각
그럴 줄 알았어!
성화는 날 싫어해.

성화도 내게
소리를 지른다.

반응

행동

나는 성화에게
소리를 지른다.

감정
화

내 밖

내 안

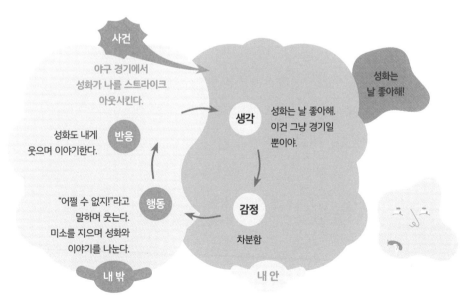

사건
야구 경기에서
성화가 나를 스트라이크
아웃시킨다.

성화는
날 좋아해!

생각
성화는 날 좋아해.
이건 그냥 경기일
뿐이야.

성화도 내게
웃으며 이야기한다.

반응

행동

"어쩔 수 없지!"라고
말하며 웃는다.
미소를 지으며 성화와
이야기를 나눈다.

감정
차분함

내 밖

내 안

감정은 우리 주위에서 일어나는 일에 대한 마음속 반응이에요. 감정 고리에서 알 수 있듯 여러분이 생각과 행동을 바꾸면 안 좋은 감정도 바뀌고 주변 반응도 바뀌게 돼요. 그러면 상황이 바뀌면서 더 좋은 방향으로 나아갈 수 있게 됩니다.

감정 일기장을 쓰면서 여러분의 감정 고리를 들여다봐요. 오늘 무슨 일이 있었는지(**사건**), 그 일을 스스로 어떻게 받아들였는지(**생각**), 어떤 감정이 들었는지(**감정**), 그리고 어떤 행동과 말을 했고(**행동**), 친구들이나 주변에 있던 다른 사람들은 여러분의 행동을 보고 어떻게 대응했는지(**반응**)를 순서대로 적어 보세요. 그 뒤에 안 좋은 결과로 이어졌다면 앞으로는 **어떻게 해야 할지**에 대한 새로운 계획을 세워 보면 좋아요.

무엇보다 일상에서 감사한 일을 찾고, 상대방의 좋은 점을 먼저 보려 하고, 긍정적으로 생각하려는 노력을 기울이는 것은 자신의 안 좋은 감정을 다루는 데 큰 도움이 됩니다.

하루에 하나씩 **감사한 일**을 찾아 적어 보세요. 아주 작은 것도 좋아요. 아침에 처음 만난 친구가 먼저 인사를 건넸다면 웃으면서 아침을 시작하게 해 주었으니 감사한 일이죠.

감정 가족을 소개합니다!

비슷한 감정끼리 묶어서 감정의 특징을 소개했어요. 여러분의 오늘 감정은 어땠나요? 감정은 꼭 한 가지만 느끼는 건 아니에요. 여러 가지 감정을 동시에 느끼기도 하죠.

감정의 종류를 살펴보고 오늘 여러분의 감정에 귀 기울여 보세요.

행복 긍정적이고 즐거운 감정 상태

감사 삶의 좋은 점에 고마워하는 마음

기쁨 상황이 만족스러워 흐뭇하고 흡족한 느낌

동정심 우리가 친절한 눈으로 사람들을 바라볼 때 드는 감정

만족 평안하고 순간순간 소소한 즐거움을 느끼는 감정

설렘 무언가를 매우 기대할 때 흥이 이는 감정

수용 사람들을 있는 모습 그대로 좋아하는 감정과 태도

재미, 즐거움 우스꽝스럽고 쾌활하며 흐뭇하고 기쁜 느낌

호기심 궁금하고 뭔가를 발견하고 싶을 때 드는 감정

희망 상황이 나아질 수 있다고 믿을 때 느끼는 감정

 불안 ## 나쁜 일이 벌어질지 모른다는 걱정 때문에 생기는 감정

걱정   일어날 수 있는 문제와 그 문제가 얼마나 어려울지를 계속 생각하기 때문에 불안한 감정

긴장감   마음이 조마조마하고 불안한 느낌

당혹감   다른 사람이 여러분을 알아차리는 상황을 불편하게 느끼는 것

두려움   무슨 일을 해야 하거나 누군가를 대할 때 무서워서 불안한 느낌

수줍음   모르는 사람과 있을 때 느끼는 불편한 감정

죄책감   뭔가 잘못했다는 것을 깨달았을 때 느끼는 안 좋은 감정

화 ## 하고 싶은 일이 막히거나 부당한 대우를 받고 있다고 여길 때 드는 감정

분노   화의 강렬한 형태로 화가 나서 폭발할 것 같은 느낌이 들기도 하는 상태

성냄   특정 사람이나 사물을 향한 일종의 화난 감정

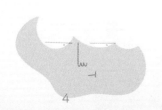

억울함　오해를 받거나 부당하다고 생각해 분하고 답답한 느낌

언짢음　안 좋은 일을 겪어서 모든 일에 짜증이 나고 약간 화나 있는 상태

질투　다른 사람이 자신의 우정에 상처를 내거나 깨뜨릴 수도 있다고 생각할 때
　　　드는 감정

짜증　누군가 또는 무언가가 우리를 귀찮게 할 때 느끼는 낮은 단계의 화

 **무언가 또는 누군가를 잃어버렸을 때
드는 감정**

부러움　다른 사람과 자신을 비교하고, 남만큼 잘될 수 있기를 바라는 감정

비통　매우 아끼는 무언가 또는 누군가가 더는 여러분과 함께 있지 않아서 생기는
　　　아픈 감정

수치심　우리 자신이 잘못되었거나 나쁜 사람이라고 생각하거나 충분하지 않다고
　　　여길 때 드는 감정

실망감　원하고 기대했던 것을 얻지 못했을 때 드는 감정

외로움　슬프고 다른 사람과 연결되지 않았다고 느끼는 감정

년   월   일   요일 날씨 ☀ ⛅ ☁ 🌧 ⛄

오늘의 감정

오늘은 어떤 일이 있었나요?

앞으로 어떻게 할까요?   **감사한 일 한 가지**

　　　　　년　　　　　월　　　　　일　　　　　요일　날씨　☀ ⛅ ☁ 🌧 ⛄

오늘의 감정

오늘은 어떤 일이 있었나요?

앞으로 어떻게 할까요?　　　　　　　　　**감사한 일 한 가지**

년　　　월　　　일　　　요일　날씨　☀️ ⛅ ☁️ 🌧️ ⛄

오늘의 감정

오늘은 어떤 일이 있었나요?

앞으로 어떻게 할까요?　　　　　　　　감사한 일 한 가지

년　　　월　　　일　　　요일　날씨　☀️ ⛅ ☁️ 🌧️ ⛄

오늘의 감정

오늘은 어떤 일이 있었나요?

앞으로 어떻게 할까요?　　　　　　　　**감사한 일 한 가지**

년   월   일   요일 날씨 ☀️ ⛅ ☁️ ☂️ ⛄

오늘의 감정

오늘은 어떤 일이 있었나요?

앞으로 어떻게 할까요?   감사한 일 한 가지

년   월   일   요일 날씨 ☀ ⛅ ☁ ☔ ⛄

오늘의 감정

오늘은 어떤 일이 있었나요?

앞으로 어떻게 할까요?   **감사한 일 한 가지**

년   월   일   요일   날씨   ☀ ⛅ ☁ ☂ ⛄

오늘의 감정

오늘은 어떤 일이 있었나요?

앞으로 어떻게 할까요?　　　　　　　**감사한 일 한 가지**

년   월   일   요일 날씨 ☀ ⛅ ☁ 🌧 ⛄

오늘의 감정

오늘은 어떤 일이 있었나요?

앞으로 어떻게 할까요?   감사한 일 한 가지

년   월   일   요일 날씨 ☀ ⛅ ☁ ☔ ⛄

오늘의 감정

오늘은 어떤 일이 있었나요?

앞으로 어떻게 할까요?   감사한 일 한 가지

년   월   일   요일 날씨 ☀ 🌤 ☁ 🌧 ⛄

오늘의 감정

오늘은 어떤 일이 있었나요?

앞으로 어떻게 할까요?   감사한 일 한 가지

년   월   일   요일 날씨 ☀ ⛅ ☁ 🌧 ⛄

오늘의 감정

오늘은 어떤 일이 있었나요?

앞으로 어떻게 할까요?   감사한 일 한 가지

년   월   일   요일 날씨 ☀ ⛅ ☁ 🌧 ⛄

오늘의 감정

오늘은 어떤 일이 있었나요?

앞으로 어떻게 할까요?   감사한 일 한 가지

년   월   일   요일 날씨 ☀ ⛅ ☁ ☔ ⛄

오늘의 감정

오늘은 어떤 일이 있었나요?

앞으로 어떻게 할까요?   감사한 일 한 가지

년   월   일   요일 날씨 ☀ ⛅ ☁ 🌧 ⛄

오늘의 감정

오늘은 어떤 일이 있었나요?

....

....

....

....

....

....

....

앞으로 어떻게 할까요?   **감사한 일 한 가지**

년   월   일   요일 날씨 ☀ ⛅ ☁ ☔ ⛄

오늘의 감정

오늘은 어떤 일이 있었나요?

앞으로 어떻게 할까요?   감사한 일 한 가지

         년   월   일   요일 날씨 ☀ ⛅ ☁ ☔ ⛄

오늘의 감정

오늘은 어떤 일이 있었나요?

앞으로 어떻게 할까요?   감사한 일 한 가지

년   월   일   요일 날씨 ☀ ⛅ ☁ 🌧 ⛄

오늘의 감정

오늘은 어떤 일이 있었나요?

....

....

....

....

....

....

....

앞으로 어떻게 할까요?   **감사한 일 한 가지**

년   월   일   요일 날씨 ☀ ⛅ ☁ ☔ ⛄

오늘의 감정

오늘은 어떤 일이 있었나요?

앞으로 어떻게 할까요?   감사한 일 한 가지

년　　　월　　　일　　　　요일　날씨　☀️ ⛅ ☁️ ☔ ⛄

오늘의 감정

오늘은 어떤 일이 있었나요?

앞으로 어떻게 할까요?　　　　　　　**감사한 일 한 가지**

년   월   일   요일 날씨 ☀ ⛅ ☁ 🌧 ⛄

오늘의 감정

오늘은 어떤 일이 있었나요?

앞으로 어떻게 할까요?   감사한 일 한 가지

년   월   일   요일 날씨 ☀ ⛅ ☁ ☔ ⛄

오늘의 감정

오늘은 어떤 일이 있었나요?

앞으로 어떻게 할까요?   감사한 일 한 가지

년   월   일   요일 날씨 ☀ ⛅ ☁ 🌧 ⛄

오늘의 감정

오늘은 어떤 일이 있었나요?

_____

_____

_____

_____

_____

_____

_____

앞으로 어떻게 할까요?   감사한 일 한 가지

년   월   일   요일 날씨 ☀ ⛅ ☁ ☔ ⛄

오늘의 감정

오늘은 어떤 일이 있었나요?

앞으로 어떻게 할까요?   감사한 일 한 가지

년   월   일   요일 날씨 ☀ ⛅ ☁ ☂ ⛄

오늘의 감정

오늘은 어떤 일이 있었나요?

앞으로 어떻게 할까요?   감사한 일 한 가지

년   월   일   요일 날씨 ☀ ⛅ ☁ 🌧 ⛄

오늘의 감정

오늘은 어떤 일이 있었나요?

앞으로 어떻게 할까요?   감사한 일 한 가지

년   월   일   요일 날씨 ☀ ⛅ ☁ ☔ ⛄

오늘의 감정

오늘은 어떤 일이 있었나요?

앞으로 어떻게 할까요?   감사한 일 한 가지

년   월   일   요일 날씨 ☀ ⛅ ☁ ☔ ⛄

오늘의 감정

오늘은 어떤 일이 있었나요?

앞으로 어떻게 할까요?   감사한 일 한 가지

년   월   일   요일 날씨 ☀ ⛅ ☁ 🌧 ⛄

오늘의 감정

오늘은 어떤 일이 있었나요?

앞으로 어떻게 할까요?   감사한 일 한 가지

년　　　　월　　　　일　　　　요일　날씨

오늘의 감정

오늘은 어떤 일이 있었나요?

앞으로 어떻게 할까요?　　　　　　　　　　감사한 일 한 가지

년   월   일   요일 날씨 ☀ ⛅ ☁ 🌧 ⛄

오늘의 감정

오늘은 어떤 일이 있었나요?

앞으로 어떻게 할까요?   감사한 일 한 가지

년   월   일   요일 날씨 ☀️ ⛅ ☁️ 🌧️ ⛄

오늘의 감정

오늘은 어떤 일이 있었나요?

앞으로 어떻게 할까요?   감사한 일 한 가지

년   월   일   요일 날씨 ☀ ⛅ ☁ 🌧 ⛄

오늘의 감정

오늘은 어떤 일이 있었나요?

앞으로 어떻게 할까요?   감사한 일 한 가지

년   월   일   요일 날씨 ☀ ⛅ ☁ 🌧 ⛄

오늘의 감정

오늘은 어떤 일이 있었나요?

앞으로 어떻게 할까요?   감사한 일 한 가지

년   월   일   요일 날씨 ☀ ⛅ ☁ ☔ ⛄

오늘의 감정

오늘은 어떤 일이 있었나요?

앞으로 어떻게 할까요?   감사한 일 한 가지

년   월   일   요일 날씨 ☀️ ⛅ ☁️ ☔ ⛄

오늘의 감정

오늘은 어떤 일이 있었나요?

....

....

....

....

....

....

....

앞으로 어떻게 할까요?   **감사한 일 한 가지**

년   월   일   요일 날씨 ☀️ 🌤️ ☁️ ☔ ⛄

오늘의 감정

오늘은 어떤 일이 있었나요?

앞으로 어떻게 할까요?   감사한 일 한 가지

년   월   일   요일 날씨 ☀ ⛅ ☁ ☂ ⛄

오늘의 감정

오늘은 어떤 일이 있었나요?

앞으로 어떻게 할까요?   감사한 일 한 가지

년   월   일   요일 날씨 ☀ ⛅ ☁ ☔ ⛄

오늘의 감정

오늘은 어떤 일이 있었나요?

앞으로 어떻게 할까요?   감사한 일 한 가지

년   월   일   요일 날씨 ☀ 🌤 ☁ 🌧 ⛄

오늘의 감정

오늘은 어떤 일이 있었나요?

앞으로 어떻게 할까요?   감사한 일 한 가지

년   월   일   요일 날씨 ☀️ 🌤️ ☁️ 🌂 ⛄

오늘의 감정

오늘은 어떤 일이 있었나요?

앞으로 어떻게 할까요?   감사한 일 한 가지

오늘의 감정

오늘은 어떤 일이 있었나요?

앞으로 어떻게 할까요?   감사한 일 한 가지

년   월   일   요일 날씨 ☀️ ⛅ ☁️ ☔ ⛄

오늘의 감정

오늘은 어떤 일이 있었나요?

앞으로 어떻게 할까요?   감사한 일 한 가지

년   월   일   요일   날씨 ☀ ⛅ ☁ ☔ ⛄

오늘의 감정

오늘은 어떤 일이 있었나요?

앞으로 어떻게 할까요?   감사한 일 한 가지

년   월   일   요일 날씨 ☀ ⛅ ☁ ☔ ⛄

오늘의 감정

오늘은 어떤 일이 있었나요?

앞으로 어떻게 할까요?   감사한 일 한 가지

년   월   일   요일 날씨 ☀ ⛅ ☁ 🌧 ⛄

오늘의 감정

오늘은 어떤 일이 있었나요?

앞으로 어떻게 할까요?   감사한 일 한 가지

년　　　월　　　일　　　요일　날씨　☀️ ⛅ ☁️ 🌧️ ⛄

오늘의 감정

오늘은 어떤 일이 있었나요?

앞으로 어떻게 할까요?　　　　　　　　감사한 일 한 가지

년   월   일   요일 날씨 ☀️ 🌤️ ☁️ ☔ ⛄

오늘의 감정

오늘은 어떤 일이 있었나요?

....

....

....

....

....

....

앞으로 어떻게 할까요?   **감사한 일 한 가지**

년   월   일   요일   날씨   ☀ ⛅ ☁ ☔ ⛄

오늘의 감정

오늘은 어떤 일이 있었나요?

....

....

....

....

....

....

....

앞으로 어떻게 할까요?   **감사한 일 한 가지**

년   월   일   요일 날씨 ☀ ⛅ ☁ ☔ ⛄ ⛄

오늘의 감정

오늘은 어떤 일이 있었나요?

앞으로 어떻게 할까요?   감사한 일 한 가지

년   월   일   요일 날씨 ☀ ⛅ ☁ ☔ ⛄

오늘의 감정

오늘은 어떤 일이 있었나요?

앞으로 어떻게 할까요?   감사한 일 한 가지

년   월   일   요일   날씨   ☀ ⛅ ☁ 🌧 ⛄

오늘의 감정

오늘은 어떤 일이 있었나요?

앞으로 어떻게 할까요?   감사한 일 한 가지

년   월   일   요일   날씨   ☀ ⛅ ☁ ☔ ⛄

오늘의 감정

오늘은 어떤 일이 있었나요?

앞으로 어떻게 할까요?   감사한 일 한 가지

년   월   일   요일 날씨 ☀️ 🌤️ ☁️ ☔ ⛄

오늘의 감정

오늘은 어떤 일이 있었나요?

앞으로 어떻게 할까요?   감사한 일 한 가지

년　　　월　　　일　　　요일　날씨　☀ ⛅ ☁ 🌧 ⛄

오늘의 감정

오늘은 어떤 일이 있었나요?

앞으로 어떻게 할까요?　　　　　　　　　감사한 일 한 가지

년   월   일   요일   날씨   ☀️ ⛅ ☁️ 🌧️ ⛄

오늘의 감정

오늘은 어떤 일이 있었나요?

앞으로 어떻게 할까요?   감사한 일 한 가지

년   월   일   요일 날씨 ☀️ 🌤️ ☁️ 🌧️ ⛄

오늘의 감정

오늘은 어떤 일이 있었나요?

앞으로 어떻게 할까요?   감사한 일 한 가지

년   월   일   요일 날씨 ☀️ ⛅ ☁️ 🌧️ ⛄

오늘의 감정

오늘은 어떤 일이 있었나요?

앞으로 어떻게 할까요?   감사한 일 한 가지

년   월   일   요일 날씨 ☀ ⛅ ☁ 🌧 ⛄

오늘의 감정

오늘은 어떤 일이 있었나요?

앞으로 어떻게 할까요?   감사한 일 한 가지

년　　　월　　　일　　　요일　날씨 ☀ ⛅ ☁ ☔ ⛄

오늘의 감정

오늘은 어떤 일이 있었나요?

앞으로 어떻게 할까요?　　　　　　　감사한 일 한 가지